BEI GRIN MACHT SICH IHR WISSEN BEZAHLT

- Wir veröffentlichen Ihre Hausarbeit, Bachelor- und Masterarbeit

- Ihr eigenes eBook und Buch - weltweit in allen wichtigen Shops

- Verdienen Sie an jedem Verkauf

Jetzt bei www.GRIN.com hochladen und kostenlos publizieren

André Böhlmann

Schulpraktische Studien. Theorie und Praxis des Deutschunterrichts

Lernzusammenfassung

GRIN Verlag

Bibliografische Information der Deutschen Nationalbibliothek:

Die Deutsche Bibliothek verzeichnet diese Publikation in der Deutschen National-bibliografie; detaillierte bibliografische Daten sind im Internet über http://dnb.d-nb.de/ abrufbar.

Impressum:

Copyright © 2010 GRIN Verlag GmbH
Druck und Bindung: Books on Demand GmbH, Norderstedt Germany
ISBN: 978-3-656-72828-3

Dieses Buch bei GRIN:

http://www.grin.com/de/e-book/278930/schulpraktische-studien-theorie-und-praxis-des-deutschunterrichts

GRIN - Your knowledge has value

Der GRIN Verlag publiziert seit 1998 wissenschaftliche Arbeiten von Studenten, Hochschullehrern und anderen Akademikern als eBook und gedrucktes Buch. Die Verlagswebsite www.grin.com ist die ideale Plattform zur Veröffentlichung von Hausarbeiten, Abschlussarbeiten, wissenschaftlichen Aufsätzen, Dissertationen und Fachbüchern.

Besuchen Sie uns im Internet:

http://www.grin.com/

http://www.facebook.com/grincom

http://www.twitter.com/grin_com

1. Planung einer Deutschstunde

1.1. Bestimmungsfaktoren von Unterricht

- Lehrmittelverfügbarkeit
- Räumliche Situation
- Unterrichtsgegenstand

- Interesse am Thema
- Soziales Umfeld
- Leistungsniveau

→wirken auf Schüler und Lehrer

1.2. Analysemethoden

a) Sachanalyse:
= Analyse des Gegenstandes aus (fach-) wissenschaftlicher Sicht

Fragebereiche lit. Sachanalyse

- Text: Inhalt + Sprache
- Gattung, Autor
- Lit.-geschichtl. Einordnung, Entstehungszeit/-kontext, Epoche
- Äußere Form, Aussage des Textes, Aufbau, Struktur
- Positionen in der Sekundärliteratur
- Fachübergreifende Bezüge + intertextuelle Bezüge

Problematik der SA

→ greift oft zu kurz

Gründe für SA

- Souveränes Wissen erlangen
- Aufzeigen von Zusammenhängen
- Methodenmöglichkeiten daraus ableitbar
- Begründetes Setzen von Schwerpunkten

b) Didaktische Analyse:
= Frage nach Auswahl und Legitimation von U.-Gegenständen

Zielorientierung („didaktische Reduktion")

- Einfache Zielsetzung (nicht zu stark vereinfacht)
- Lernziele ←→ Lehrziele + gewünschtes Lernergebnis
- →Überprüfung von Erfolg des Unterrichts
- → Beschützen davor, Bedeutung für Lernende nicht aus den Augen zu verlieren
- → wichtige Orientierungshilfe

1.3. Lernziele

Gegliedert in:

Genauigkeit: Grobziele (bestimmtes Z), Richtziele (allgemeines Z), Feinziele (genaue Z.stellung)

Persönlichkeitsbereiche: Unterscheid. von kognitiven, affektiven, sozialen und psychomotor. Zielen

Anforderungsbereiche: Wissen (bereitstellen + abrufbar machen), können und anwenden (Wissen darauf beziehen), produktives Denken + Gestalten / eigene Lsg. Für noch nicht bekannte Probleme
→ nach thüringer Lehrplan

→ **LZ- Taxonien** (Unterscheidung)
- Orientierung an untersch. Bereichen
- Nicht nur Konzentration auf Wissen

Kompetenzen brauchen Wissen
- Wissen muss gekoppelt an Anwendunssituation vermittelt werden → was kann ich damit machen?
- Art + Qualität von Wissen entscheidend

Zentrale Zielsstellung des thüringer LP
= fachübergreifend

Ausbildung von Lernkompetenzen (nach thür. LP)

(1)Sachkompetenz:
- sprachlich-kommunikat. Fähigk. Und Fertigk.
- Ästhetisch-lit. Fähigk. Und Fertigk.

(2)Methodenkompetenz:
- grundlegende method. Fä. U. Fe.
- Infobeschaffung, -erfassung, -speicherung
- Infoverarbeitung, - aufbereitung, -weitergabe

(3)Sozialkompetenz:
- Interaktive, sozial-kommunikat. Fä. U. Fe.

(4)Selbstkompetenz:
- Emotional-affektive, selbstreflexive, selbstgesteuerte Fä. u. Fe.

Lernzielformulierung:
Bestehend aus Inhaltsteil und Verhaltensteil

Bsp: Die Schüler *lernen* den *Autor XY (=Inhaltsteil)* *kennen (=Verh.teil)*

1.4. Bildungsstandarts vs. Th.LP

Standarts:
- durchschnittl. Schüler sollte sie erreichen können
- Ziel: Vergleichbarkeit der Schulabschlüsse
- Sind fachspezifisch
- Gelten für mittleren Schulabschluss
- Sollen Qualität des Bildungswesens sichern

Standarts	Thüringer Lehrplan
• Schulartübergreifend • Gelten in allen BL, die KMK angehören • Erreichen wird durch Tests überprüft • Flächendeckend • Auch Leistung der Lehrer auf dem Prüfstand	• Schulartspezifisch • Gilt nur in Thüringen • Keine Überprüfung • Lehrer kann einfach sagen: „Hab ich doch behandelt" ohne, dass eine Erfolgsüberprüfung stattfindet
• OUTPUTORIENTIERUNG	• INPUTORIENTIERUNG

1.5. Methodische Entscheidungsbereiche

(1) Handlungsformen
= Arbeitsformen
- Alle Lehr – und Lerntätigkeiten
- regeln Handlungsstruktur des Unterrichts
- Bsp.: Lehrervortrag, Gruppenarbeit

(2) Sozialformen
- regeln Beziehungsstruktur des U.
- Bsp.: Frontalunterricht, Gruppenarbeit, Parterarbeit, Team-Teaching, Stillarbeit

(3) Medien
- Allgemein gemeint
- Entscheidungskriterium = Abwechslung

(4) Differenzierung
- Unterschiedliche Schüler (Leistungen, Interessen...)
- →darauf eingehen: unterschiedliche Aufgaben+Bücher etc.

(5) Erfolgskontrolle
- In Bezug auf S+L (Nachbereitung der Stunde)

(6) Verlaufsform
- Gliederung der Stunde

(7) Großform
- Struktur des Lernprozesses (in Projekt, Unterrichtsreihe, Einzelstunde zu einem Themenkomplex, Lektionen, usw.)

Induktive U.-Gestaltung   oder   **Deduktive** U.-Gestaltung
=von Bsp. auf Regeln schließen   **=erst Regeln und dann Bsp.**

3

2. Lesekompetenz

2.1. Lesekompetenz nach Pisa

= Fähigkeit, geschriebene Texte untersch. Art
- in ihren Aussagen
- ihren Absichten
- und ihrer formalen Struktur

zu **verstehen** und in einen größeren **sinnstiftenden Zusammenhang einzuordnen**, sowie in der Lage zu sein, Texte **für verschiedene Zwecke sachgerecht zu nutzen.**

→geschriebene Texte
verstehen; nutzen; über sie reflektieren, um eigene Ziele zu erreichen; Wissen und Potenzial weiterentwickeln; Teilnahme am gesell. Leben

= funktionale Sicht

Komponenten

(1) Texte
- Versch. Arten von Texten
- Klassifikation von Typen, Strukturen

(2) Leseaufgaben
Versch. Arten:
- Infos heraussuchen
- Interpretation entwickeln
- Inhalt und Form reflektieren

(3) Situationen
- Texte lesen, die für versch. Situationen geschrieben wurden
- → Diagramme und Tabellen gelten als Texte
- → notwendig für akt. Teiln. am gesell. Leben
- mentale Operationen werden in den Blick genommen

SUBSKALEN

I)   **Infos ermitteln**

II)   **textbezogenes Interpretieren**
         -allg. Verständnis des Textes entw.
         -textbezogene Interpr.

III)   **reflektieren und bewerten**
         über Inhalt und Form des Textes reflektieren

2.2 Lesekompetenz nach Hurrelmann

Dimensionen von Lesekompetenz

Motivation	**Kognition**	**Emotion**	**Reflexion**	**Anschlusskommunikation**
Bereitschaft	PISA betr.	Hauptschwer-		
Zum Lesen	nur diese D.	punkt für		
Ausdauer, Text	Vernachlässig.	Hurrelmann		
Zu Ende zu lesen	anderer Teildim.			

Hurrelmann will:

- Vermittlung + Erwerb von Lesekompetenz
- Leseförderung
- Belohnung, Motivation + Emotionen
- Freude am Lesen wecken
- Entwicklung zur Teilnahme am kulturellen Leben

ABER:
- Wovon handeln Anschlusskommunikationen?
- Vernachlässigung der Kognitionen, aber Emotionen und Kognitionen sollen gekoppelt betrachtet werden

2.3 Lesekompetenz nach Paefken

- Texte nur am Schreibtisch ordentlich zu bearbeiten
- Studierendes Lesen
- Lesen und Denken, dem Text Gedanken hinzufügen
- Disziplin und höchste Aufmerksamkeit beim Lesen von Texten
- Fremdheit der Texte ist absichtlich gesetzt und die Schüler sollen durch methodisches Können und fachliches Wissen die Texte erschließen, sich in Historizität der Texte einfinden
- Lesen nicht zum Vergnügen, sondern Lesearbeit
- Nur literarische Texte

ABER:
- Konzept richtet sich nur an gute Schüler und Oberstufe
- Verdirbt Motivation

VGL. von PAEFKEN und HURRELMANN siehe Script des Seminars

2.4 Voraussagetexte

Stückweise Bekanntgabe des Textes → Schüler überlegen Fortgang

Leistung des Verfahrens:
- Größere Aufmerksamkeit auf bestimmte einzelne Wörter (Paefken)
- Neugierde und Interesse am Text wird geweckt (Hurrelmann)
- Anschlusskommunikation (über Hypothesen) ist gewährleistet (Hurrelmann)
- Wissen als Konstituente des Textverstehens (PISA)
- Aktivierung des Textverständnisprozesses → diesen Prozess sichtbar machen

3. Handlungs- und produktionsorientierter Deutschunterricht

3.1. Ausgangspunkt

herrschende Praxis rein kognitiv-analytischer Literaturunterricht

3.2. Begriffsklärung

Handlungsorientiert:
- Bildlich illustrative, spielerische, darstellerische, musikalische Umsetzung von Literatur

Produktionsorientiert:
- Textproduzierende Verfahren

3.3. Methoden

handl.orientierte:　　　　musikalische, visuelle, körperliche Ausdrucksformen
produktionsorientierte:　restaurieren, antizipieren, transformieren

3.4. Begründungen

- Eigene Lesarten der Schüler werden in den Mittelpunkt gerückt → Motivation, Textverständnis, Zugang zum Text
- Verringerung der Distanz → handgreifbare Auseinandersetzung auch mit komplizierten Texten
- Auch sprachlich nicht versierte Schüler werden angesprochen → Text mit Herz und Hand erfassen
- Zusammenhang von Kopf, Herz und Hand beim Lernen → Ansprechen der Schüler auch in ihrer Sinnlichkeit, Gefühlen, Phantasien, Tätigkeitsdrang

3.5. Ziele

(1) Aufbau Lesemotivation
(2) Sensibilisierung der Wahrnehmungskraft + Entwicklung der inneren Vorstellungskraft
(3) Steigerung der Aufmerksamkeit für die Besonderheiten des Textes
(4) Intensivierung der Auseinandersetzung mit lit. Texten → Verstehen lit. Texte

3.6. Wirkung

→ individualisiertes Textverstehen der Schüler wird kreativ umgesetzt

(1) Lernprozesse werden intensiviert
(2) Individualisierende Lernkonzepte → Deutung jedes Schülers ist wichtig
(3) Durch intensive Auseinandersetzung mit dem Text sollen Schüler etwas von deren Charakter erfassen
(4) Schüler lernen sich in handelnde Figuren hineinzuversetzen + Förderung der Imaginationskraft

→ individuelle Deutungsmöglichkeit, intensive Textauseinandersetzung

3.7. Kritik an der Methode

- Beliebigkeit → Was will ich erreichen?
- Subjektivismus gerät in den Vordergrund → Text wird aus den Augen verloren
- Frage nach analytischer Auseinandersetzung mit Ergebnis der Aufgabe + Rückbezug auf Text
- Leistung für Text?
- Bewertung der Aufgabe???

→ Eine Methode muss ihrem Ziel angemessen sein

4. Schriftlicher Sprachgebrauch

4.1. Schrift

= elaborierte Sprache
= abstrakt, isolierend, absichtlich
= öffentlich und unpersönlich

- Hat Bestand, speichert + transformiert Wissen
- Trennt Subjekt und Sprache

4.2. Kennzeichen schriftl. Sprachgebrauchs

(1) Produktion + Rezeption ist zeitlich versetzt
- Gedanken nachvollziehbar machen
- Höhere Ausführlichkeit

(2) digitales Zeichensystem
- Gefühle bleiben unsichtbar

(3) Linearität des Systems
- Kausale Zusammenhänge + diese auch deutlich machen
- Aufeinanderfolgend

4.3. Schreibprozesse

komplexer Prozess → Teilprozesse

a) Gedanken hervorbringen (generieren)
b) Gedanken strukturieren (strukturieren)
c) Gedanken übersetzen, formulieren / in Schrift bringen (produzieren)

a), b) und c) müssen mehr oder weniger simultan bewältigt werden

4.4. Warum Schreiben lehren? (Fritzsche)

- Ermöglicht schriftliche Kommunikation → gesellschaftl. Qualifikation
- Fördert Reflexion + Erkenntnis → Mittel geistiger Arbeit (" Think on paper! ")

Epistemisch-heuristische Funktion des Schreibens

Epistemisch= Wissen hervorbringen
Heuristisch = Wissen klären, verstehen, strukturieren

- Info ist sicher aufgeschrieben, jetzt kann darüber nachgedacht werden
- schreiben um zu lernen
→ ermöglicht absichtsvollen, spracsymbolischen (Selbst-) Ausdruck

4.5. Aktuelle Positionen der Schreibdidaktik

Karl Bühler: Organonmodell des sprachl. Zeichens

a) Voraussetzung

	Gegenstand	
	∧	
Darstellungsform	|	Symbol
Sprecher/ Schreiber	-------> sprachl.	<--------- Hörer/ Leser
	Ausdrucks- Zeichen	Apellfunkt.
	funkt.	
	(Symptom)	(Signal)

b) Ziele

→ Vermittlung umfassender Schreibkompetenz
d.h., die Fähigkeit zum zielgerichteten, situationsadäquaten und normgerechten Einsatz von Sprache

c) Entwicklung bis heute

- Aufhebung alter Polarisierungen und Abgrenzung im Schreibunterricht
- Einsicht in die Notwendigkeit verstandesbildendem Schreibens
- Parallel Förderung personal-kreativen Schreibens

→ Vgl. Ausdrucks, Apell, Darstellungsfkt.

d) Schreibprozessorientierte Didaktik

(1) gezielter Einsatz des Schreibens als Mittel des Denkens
→ epi.- heur. Schreiben
(2) Fähigkeit zur erfolgreichen Bewältigung der Teilprozesse beim Schreiben fördern
(3) Schreibenlernen als sukzessive Erweiterung + Verbesserung (Elaboration + Automatisierung) bestehender Fähigkeiten
(4) Einsicht in die Notwendigkeit + Zweckmäßigkeit von Textsortennormen / induktives Erarb. von Textsortennormen

→ Schülerorientierung
- Einsicht in die (Bedeutung der) Motivation beim Schreiben
  → Themen, Schreibanlässe
- Schreibdifferenzierter Unterricht

e) Methoden des modernen Aufsatzunterrichts

(1) Textlupe

- Strukturierter Kommentarzettel
- Vergrößerung der Eigenschaften des Textes

Rolle der Lehrkraft:
- Heraushalten aus Arbeitsprozess
- Erstellt im Vorfeld zusammen mit Schülern Kriterienkatalog
(induktiv aus Vorlagen der Schüler)

Leistung des Verfahrens:
- Schülerzentrierte Methode
- Schüler lernen Kritik / Verbesserungen zu formulieren
- Meidet Problem des schriftlichen Sprachgebrauchs
- Fremdsicht / Adressat wird in Prozess des Schreibens integriert
- Prozessorientiertes Verfahren
- Methode nimmt Rücksicht auf individuelles Tempo der Schüler

Probleme
- Methode muss geübt werden
- Geschulter Blick / Grenzen der Schüler!
- Erkennen Schüler alle Probleme?!

Verfahren im schreibdidaktischen Prozess:
- Apellfunktion
- Förderung zur Fähigkeit zur erfolgreichen Bewältigung der Teilprozesse des Schreibens
- Schreibdifferenzierung → schriftl. Feedback / jeder bekommt auf seinen Text bezogene Kritik

b) Automatisiertes Schreiben

Leistung:
- Mittel gegen Schreibblockaden (arbeitet ohne rationale Kontrolle)
- Sinnvolles kann in Fluss kommen

Probleme:
- Sind Gedanken brauchbar?
- Abschweifungen → rationale Kontrolle muss stattfinden
  → Struktur muss gegeben werden

Verfahren im schreibdidaktischen Prozess:
- Teilprozess des Generierens steht im Mittelpunkt
- Schülerdifferenziert: kann für einige Schüler gute Möglichkeit der Stoffsammlung sein

5. Mündlicher Sprachgebrauch

5.1. Mehrdimensionale Nachricht

Sachinhalt
|
Sender <---------- NACHRICHT ---------------> Empfänger
|
Beziehung

→ **4 Seiten (Aspekte) einer Nachricht**
= psychologisches Modell der zwischenmenschlichen Kommunikation

5.2. mündl. Sprachgebrauch in den Lehrplänen

<u>Einsicht der Didaktik:</u>
schulisches Sprechen und Handeln + öffentlicher Sprachgebrauch nicht identisch
→ Eigenständigkeit dieses Lernbereichs begann

es trat schärfer hervor: grundlegende **Unterschiede zwischen Mündlichkeit und Schriftlichkeit**

- **Eigener Lernbereich in den Lehrplänen** wurde ausgewiesen, der das gelenkte Unterrichts- und Lehrgespräch überwinden sollte

Mündlicher Sprachgebrauch lt. Thür. Lehrplan

- Zielt auf bewussten Gebrauch von Sprache und die situationsangemessene Teilnahme an sprachl. Vorgängen der Umwelt
  → produktives, rezeptives + reflexives Sprachkönnen

	PRODUKTION	**REZEPTION**	**REFLEXION**
Wissen	Bewusstmachen von Regeln, Bedingungen u. Besoderheiten		
Können	Monologe u. Dialoge planen und durchführen	Hören und Verstehen	Beurteilen

- Vielfältige reale + fiktive Sprechsituationen bestimmen die Entwicklung von Können im mündl. (monologischen / dialogischen) Darstellen
  → v.a. dialog. Situationen fördern Sach- und Sozialkompetenz
  →sowie im Hören, Verstehen und Beurteilen von Texten

Kommunikative Handlungsfähigkeiten und –fertigkeiten
= Ziel des DU im Rahmen des Konzepts der Grundbildung

- Kommunikation als wechselseitig aufeinander bezogenes + von Intentionen geleitetes Sprachl. Handeln von einem Subjekt in Auseinandersetzung mit spezifischen Objekten

10

5.3. Gespräche im Unterricht

Formen:

- Offene, ungebundene Gespräche im Erzählkreis (natürliches Gespräch)
- Sozial „gebundenes", planendes Gespräch
  (Vorstufe: Kleingruppen)
- Gelenkte Unterrichts (Lehr) gespräche
- Prüfungsgespräch: besonderes Maß an Nicht-Gleichberechtigung = asymetrisch + komplementär

Lehrer sollte versuchen, im Unterricht Gesprächssituationen zu schaffen, in denen die Lernenden vergessen dürfen, dass es sich um künstlich arrangierte Gespräche handelt
→ z.B.: Erzählkreis nach einem erlebnisreichen WE
      oder Diskussionsrunde über ein brisantes oder aktuelles Thema

dazu können eingesetzt werden:

Rollenspiele:

- Soziale oder literar. Rollenspiele,
  →die sich an versch. Formen und Situationen des Alltags orientieren
- fördert Sozialkompetenz
- Produktion schlüssiger Sprachvarianten (→Wissen)
- Auf anderen eingehen (→Reflexion)
- Viele Ziele können mit RS erreicht werden, aber sehr aufwendig – vor allem in Zeit

Gespräche ohne dominante Figur (d.h. ohne Lehrer):
z.B.: in Gruppen, Partnerübungen...

6. Grammatikunterricht

6.1. Wozu Grammatikunterricht (aus didaktischer Sicht)?

<u>Hoher Stellenwert:</u>

- Erwerb gramm. Wissens als Vorauss. für
  - sprachliches Können
  - Reflexion über Sprache

<u>Geringer Stellenwert:</u>

- Für welche Ziele ist GU wichtig?
- Nur zum Schreiben und Überarbeiten von Texten
- Erforschen von Sprache
- Fokussierung von gramm. Strukturen nur eine Möglichkeit unter anderen

6.2. Grammatikunterricht: Wie?

Konzepte von GU:

deduktiv	vs.	induktiv
systematisch	vs.	situativ
formal	vs.	Funktional

→ heute meist Kombination aus Konzepten

Moderner GU:

- Verbindet sinnvoll Konzepte v. GU und Lernbereiche des DU (integrativer GU)
- Hat Systematik der vermittelten Lerninhalte im Blick (sorgfältige, langfristige Planung von Lerneinheiten)
- Vermittelt gramm. Wissen (Begriffe, Kategorien)
  als Instrument zur Beschreibung von Sprache
  in konkreten Verwendungszusammenhängen
- Untersucht die Fuktion / Wirkung gramm. Texteigenschaften (in eigenen + fremden Texten)

7. Rechtschreibung im Deutschunterricht

7.1. unterschiedliche Vorstellungen

Stellenwert: marginal vs. zentral

Einbettung: integrativ vs. isoliert

Lernweg: induktiv vs. Deduktiv

7.2. Hierarchie der deutschen Rechtschreibung

1. **Prinzipien**
   - Lautprinzip: Verhältnis von Phonem und Graphem
     →Bildung von Orthophemen

   - Grammatisches Prinzip: syntaktisch: Kommata, Satzzeichen...
                          textual: Absätze...

   - Semantisches Prinzip: morphologisch: gleicher Wortstamm gleich mglst. geschrieben
                          → Stammprinzip

2. **Regeln**
   - Sind ständig in Bewegung, DAHER: http://rechtschreibrat.ids-mannheim.de
                  Und   Gallmann/Sitte: Handbuch Rechtschreiben
3. **Einzelregelungen**

   - Am besten lehrt man Grammatik durch wechseln zwischen den Lernkanälen
   (Vorsprechen, Lesen, Einprägen, Regeln anwenden)

7.3. Konzepte zum Rechtschreiberwerb

- Grundwortschatzorientierter Ansatz
- Phonologischer Ansatz
- Morphematischer Ansatz
- Regelorientierter Ansatz

→ Ansätze sinnvoll kombinieren!

7.4. Phasen von Rechtschreibbewusstsein

a) vorkommunikative Phase (Kritzelphase)
b) auditiv-artikulatorische Phase (schreiben wie man spricht)
c) orthographische Phase

→ Überlagerung der Phasen, fließende Übergänge

7.5. Ziele des Rechtschreibunterrichts

- Rechtschreibermittlung – Selbstkorrektur
  (setzt andere Teilfähigkeiten voraus)
- Automatisiertes Rechtschreibkönnen
- Rechtschreibdenken
- Rechtschreibmotivation